LES 104 PÉCHÉS

DE M. THIERS,

LES 10 VERTUS

DE M. GUIZOT,

LES 110 NOUVEAUX DÉPUTÉS,

LES 15 JOURS DE SESSION.

PRIX : 30 CENTIMES.

PARIS,

CHEZ BALLEY AÎNÉ, ÉDITEUR,

RUE NOTRE-DAME-DES-VICTOIRES, 3.

—

1846

TYPOGRAPHIE ET LITHOGRAPHIE FÉLIX MALTESTE ET Cie,
Rue des Deux-Portes-St.-Sauveur, 18.

SOMMAIRE.

Curiosités secrètes et publiques de la vie de MM. Thiers et Guizot. — Situation actuelle de l'excellence passée et de l'excellence présente. — Horoscope de leur avenir. — Thiers et Carrel.— Le bœuf et ce qui s'en suit. — Epaule de Laffitte. — Chou-gras de la Bourse. — Culotte de Grandvaux. — Château-Rouge et Mabille. — La Girafe et la Colonne de Juillet. — Les Cochons à l'engrais. — Le Plancher qui tourne. — La Jaunisse de l'Empereur d'Autriche. — Causes secrètes de la mort de Lalande. — Le beau Navire et le haut Promontoire de |M. Thiers. — Les Officiers en livrée de la future régence. — Horoscope sur la prolongation de la vie du Roi. — Le comte de Paris. — Pittoresques relevailles de M. Guizot. — Les Menteurs. — Les Cornes. — Un Roi chauve. — Guizot réformateur et progressiste. — La Presse polissonne. — Rentrée des Jésuites. — Le marquis de Carabas. — Les Chapeaux cornus. — La Faute de Voltaire qui aura ses effets en 1847. — La Marseillaise du révolutionnaire M. Guizot, en 10 tableaux.... très chauds.... peints par lui-même. — La douloureuse complainte sur M. Thiers. — Liste des Députés nouveaux. — Session actuelle, de 15 jours.

Le pain, le bœuf, Thiers, Guizot, Berryer, Cabet.

Celui qui a mis au monde le divin opuscule que vous allez lire, n'est ni Thiériste, ni Guizotiste, ni Babeuviste, ni Communiste, ni Cabétiste, ni Ledrutiste, ni Cormeniste, ni Berryériste, ni Républicain.

Il est mieux que tout cela.

Spectateur, voilà ce qu'il est, et spectateur qui s'amuse beaucoup, je vous assure, à voir

poser, jouer, danser devant lui toute cette in-
téressante pléiade d'artistes plus ou moins gra-
ves, plus ou moins admirables de talent, plus
ou moins prestidigitateurs, acrobates ou ma-
rionnettes.

En est-il un, je vous le demande, dont le
système ait la vertu *d'assurer* à chaque membre de la société qu'il veut rendre heureuse :

1º LE PAIN QUOTIDIEN... Cette vie tout sim-
plement brute de l'homme;

2º LE BŒUF QUOTIDIEN *et la boisson*..... que
j'appellerai *entretien* brut aussi, de sa santé,
de sa vigueur, de la plénitude de son être;

3º DES VÊTEMENS frais pour l'été, chauds
pour l'hiver;

4º UN LOGEMENT sain, commode et appro-
prié à son état.

Je pourrais passer outre, je ne le veux pas.

Chacun de ces grands PHILANTROPES a pourtant bien réellement la prétention de RÉALISER
le BONHEUR de trente-quatre millions d'indivi-
dus, dont les événemens ont confié le sort aux
effets de sa portion d'influence.

C'est à dessein, et à dessein très prémédité
que je souligne ici trois mots.

Le premier, *philantrope*, c'est l'*amour* réel
de l'homme pour tout homme et à plus forte
raison pour tout membre de la société dont on
fait partie.

Le second, *réaliser*, c'est l'effet positif et certain de cet amour.

Le troisième, le BONHEUR... *réalisez-le* donc, puissans docteurs, sans assurer avant tout à chacun :

Le pain,

La pitance,

Le vêtement,

Le logement !

Nul d'entre vous n'a même jamais osé inscrire un seul de ces quatre derniers mots dans aucun des programmes de sa conduite politico-philantropique.

Il est vrai qu'à la place vous avez toujours mis ou mettez encore *aristocratie, jacobinisme, girondin, citadin, sans culotte, montagnard, terroriste, modéré, thermidorien, impérialiste, royaliste plus ou moins* QUAND MÊME, *brigand de la Loire, chambre ardente, chambre introuvable, ultra, ultramontain, parti prêtre, inquisition, carcéré-duro, buveurs de sang, droit d'aînesse, loi du sacrilége,* article 14, *ordonnances liberticides, programme de l'hôtel-de-Ville, chartrien, juillettiste, philippiste, henriquinquiste, anarchiste, caput mortuum, mouvement, résistance, abolition, conservation, statu quo, bonheur puplic, prospérité publique, joie publique, félicité publique, ravissement public, juste-milieu, quoique ou parce que, tiers-parti, doctrinaire, comple-*

rendu, gouvernement personnel, le forum, le château, appel comme d'abus, liste civile, liste incivile, apanage, dotation, cens électoral, non cens électoral, gauche, droite, centre, centre droit, centre gauche, extrême gauche, extrême droite, fierté nationale, quadruple alliance, entente cordiale, concert européen, équilibre du vieux et du nouveau monde, grande et petite politique, incompatibilité, scrutin de division, flétris, tarifés, protocoles Talleyrand, mariage d'un Cobourg, mariage d'un autre Cobourg, mariage de tous les Cobourg, de toutes les Dona-Maria, Victoria, Olga, Isabella, etc., hommes sérieux, hommes pratiques, utopistes, bornes, ventrus, clôturiers, disjonction, tendance, définition de l'attentat, abaissement ou exhaussement continu, fierté nationale, lâcheté d'Ancône, lâcheté de Beyrouth, lâcheté de Tanger, droit ou non droit de visite, sabre d'honneur, Dupetit-Thouars-dieu, Dupetit-Thouars-homme, Dupetit-Thouars-candidat-honteux, Bruat, Daubigny, la grosse injure, la petite indemnité, question d'Orient toujours pendante, dévorante et engloutissante, questions finies ou à finir de Rosas, des Owas, du Texas, de Martin-Garcia, d'Abd-er-Rhaman, d'Abd-el-Kader, de Chamyl, du schah de Perse, du roi Othon, de l'île de Chusan, de la Nouvelle-Zélande, de l'ithsme de Panama perçable ou non perçable pour nous ou pour les autres, contre nous ou contre les autres, *question de savoir* s'il faut dire *sujet* ou *serviteur*, *excellence* ou *monsieur*, etc., etc., etc. — Ah ! j'oubliais : *nominatif* le portefeuille, *génitif* du portefeuille, *datif* au portefeuille, *accusatif* le portefeuille, *vocatif* ô cher portefeuille ! *et toutes sortes* d'autres déclinaisons, conjugaisons et pâtures réservées aux plus gros d'entre vous.

Je ferais une montagne d'écritures si je voulais réunir ici tous les mots à l'aide desquels vous avez agité, leurré, égaré et quelquefois volcanisé la société sans *assurer* à personne :

Ce pain quotidien,

Ce bœuf quotidien,

Ce vêtement,

Ce logement,— absolument indispensables à tous.

Parlez-moi donc de *bonheur*, de félicité publique sans ces quatre avantages *assurés* à tous !

Je sais la chose difficile, très difficile, plus que difficile. — Pourquoi ne pas l'avouer? Ce serait plus sincère, ce serait plus digne. Vous tous qui avez perpétuellement à la bouche les mots *dignité*, *loyauté*, *honneur*, pourquoi donnez-vous le change ?,

Pourquoi, vous, me répondez-vous *Pomaré*, quand je vous demande du *pain*?

Vous, *Entente Cordiale*, quand il s'agit de mon *bœuf*?

Vous, *Henri V*, lorsqu'il me faut un *habit*?

Vous, *bonnet phrygien*, lorsque je suis à la rue, parfaitement libre, mais sans gîte et mourant de froid?

Tant que ces quatre nécessités de la vie ne seront pas examinées, étudiées directement, loyalement, profondément, dans la sincère intention d'y satisfaire, toute votre politique, toutes vos politiques, soit des uns, soit des autres, ne seront autre chose qu'un luxe étalé sur de cruelles misères, qu'une déplorable comédie jouée devant les blessés et les agonisans d'un champ de bataille sous prétexte de leur rendre la santé.

J'ai trop étudié, trop lu, trop vu pour n'être pas persuadé que ni M. Thiers, ni M. Guizot, ni leurs adversaires n'inscriront jamais dans leurs programmes les mots des quatre nécessités que je signale.

Tout ce qu'ont fait leurs devanciers, tout ce qu'ils peuvent faire, eux; tout ce que feront leurs successeurs immédiats, c'est de maintenir, c'est d'empêcher que la grande machine se détraque, c'est d'harmonier les grands rouages sociaux pour que l'un ne brise pas l'autre, sans pouvoir jamais s'occuper du grain qui est sous la meule, bon ou mauvais, bien ou mal placé, bien ou mal moulu.

C'est la machine qu'ils voient, non le produit, non les effets, non l'état de l'homme criant miséricorde sous cette meule qui le moud mal, ou entre les dents de l'engrenage qui le transpercent, le déchirent, le hachent comme chair à pâté.

Cette machine, malgré les cris des victimes, continue de jouer, de fonctionner très régulièrement. —Tout, dès lors, n'en continue pas moins d'être admirable ! —L'ordre règne ; que veut-on de plus, que peut-on de plus ?

Je sais, en effet, que vous ne pouvez guère plus : ce qui n'empêche pas le progrès d'aller son train, de pénétrer par tous les pores de la société, d'avancer sans cesse par une loi d'avancement éternel qui se joue de toutes les prévisions humaines, soit d'en haut, soit d'en bas, soit du milieu.

Le développement de l'organisation sociale n'est pas encore assez avancé pour que vous ayez le temps et les moyens de faire autre chose que de l'ordre, de voir autre chose que de grands ensembles.

Jamais la politique n'a eu d'autre objet que cette action restreinte aux superficies.

Agir à l'épiderme des sociétés, voilà tout.

Il y a pourtant de la chair sous cet épiderme, de la chair peut-être malsaine, des cavités peut-être anormales, une charpente peut-être vicieuse, des millions de fibres peut-être dangereusement enchevêtrées ; — n'importe : l'enveloppe conserve son aspect général, tout va bien, la politique n'a rien à voir au-delà ; elle a droit à glorification, c'est convenu.

Mais si une poutre casse, si la charpente tombe, voilà une révolution. — N'importe encore : la politique n'en pouvait *mais* ; elle relève comme elle peut les décombres, elle remet en œuvre comme elle peut les matériaux, elle rajuste comme elle peut les grands débris, elle retrouve enfin un agencement plus ou moins complet qui tient bon, et elle recommence tranquillement à braquer exclusivement les yeux sur cet ensemble, sans s'occuper plus des détails qu'auparavant.

Telle est l'histoire et tel est l'unique pouvoir de la politique.

J'en ai dit la cause. Le développement de l'organisation sociale est trop près de son berceau pour qu'il lui soit déjà permis d'embrasser à la fois les généralités et les individualités. Celles-ci sont et seront encore longtemps abandonnées à elles-mêmes. Les plus grands politiques, les plus sages législateurs en sont toujours à l'égard de l'homme, pris individuellement, où en était le sublime poète qui a dit à ce dernier :

Roule au gré du hasard dans le désert du vide ;
Qu'à jamais, loin de moi, le destin soit ton guide
Et le malheur ton roi.

Jamais est de trop, voilà le défaut de cette magnifique et douloureuse image. Napoléon a rayé son pareil du Dictionnaire, et il a bien fait.

Nos pères du temps de Pharamond auraient dé-
claré *impossible* la société actuelle, la législation
actuelle, la manière de vivre actuelle de chaque
citoyen. Quel est donc celui qui pourrait pré-
tendre, et le prouver, que dans quatorze siècles,
même abîme d'années qui nous sépare de Pharamond, les pouvoirs publics, les rapports sociaux, la manière d'exister de tous les habitans
de cette France où nous sommes, seront encore
ce qu'ils sont en ce moment?

Pour parvenir à assurer à chaque citoyen :

Le pain quotidien,

Le bœuf quotidien,

Le vêtement quotidien ,

Le logement quotidien,

Il ne faut pas la moitié des améliorations et
des progrès de tous genres accomplis sur ce sol
depuis l'invasion des Francs.

Je suis donc aussi un affreux *utopiste* !

C'est vrai. Mais très peu semblable à ceux qui
se passionnent pour l'idée qu'ils ont chevillée
au fond de leur cerveau; qui veulent que tout
le monde l'adopte, tout de suite , sans examen;
qui se fâchent quand ils voient que personne
n'en veut; qui se brouillent avec leurs meilleurs
amis; qui deviennent tristes, maladifs, insocia-
bles et farouches; qui, par réaction, s'éprennent
si fort de la doctrine abrutissante de Jean-Jac-
ques Rousseau, qu'ils s'en iraient volontiers,
par la méthode de locomotion des loups et des

ours, courir les bois et les forêts pour y maugréer à leur aise contre l'espèce humaine, — si la peau de leurs mains était moins tendre, les cailloux moins durs, les épines moins pointues.

Loin de là.

Je veux, au contraire, vivre dans cette société que je sais mal faite, mais qui se développe, se perfectionne peu à peu, avec la lenteur des siècles, et qui finira pourtant par arriver à une phase où mon *utopie* deviendra tout naturellement un *fait*, fort brutal sans doute comme ils le sont tous, et qui accusera à son tour les autres *faits futurs* de n'être que de méchantes *utopies*.

Je ne serai plus là bien certainement, et je ne jouirai pas du bénéfice de la prévision. Est-ce une raison pour que je boude la société actuelle, que je m'irrite contre elle, que je me morfonde à la troubler?

Pas si fou!

J'aime bien mieux me mêler à elle, la connaître de plus en plus, et me moquer à cœur joie des innombrables comédiens que j'y rencontre. C'est ce qui m'a inspiré l'autre jour les deux chefs-d'œuvre ci-après et que je m'empresse de livrer à mes amis et connaissances, — ainsi qu'à beaucoup d'autres qui ont déjà ri plus d'une fois des coups de plume de moi qui ont passé sous leurs yeux.

THIERS.

Vive les vers en prose !

DOULOUREUSE COMPLAINTE.

1

Thiers a mal fait la guerre,
Mironton, mironton, mirontaine,
Thiers a mal fait la guerre,
A Thiers il en cuira *(ter)*.

2

Thiers est un petit homme,
Mironton, mironton, mirontaine,
Qui serait un grand homme
Sur un arbre perché *(ter)*.

3

Il *naquit* dans Marseille,
Mironton, mironton, mirontaine,
Il naquit dans Marseille
Et *poussa* dans Paris *(ter)*.

4

C'est ici qu'il prépare,
Mironton, mironton, mirontaine,
C'est ici qu'il prépare
La *Révolution (ter)*.

5

Il l'a fait tout entière,
Mironton, mironton, mirontaine,
Il l'a fait tout entière,
Mais c'est sur du papier *(ter)*.

6

Par milliers on l'achète,
Mironton, mironton, mirontaine,
Par milliers on l'achète,
Et Thiers a du renom.

7

Vous savez la grenouille
Mironton, mironton, mirontaine,
Vous savez la grenouille
Qui crève en se gonflant *(ter)*.

8

Thiers se gonfla de même,
Mironton, mironton, mirontaine,
Thiers se gonfla de même,
Mais il n'en creva pas *(ter)*.

9

Au *National* il plante,
Mironton, mironton, mirontaine,
Au *National* il plante
Son drapeau flamboyant *(ter)*.

10

On croit que cette flamme,
Mironton, mironton, mirontaine,
On croit que cette flamme
Va brûler l'univers *(ter)*,

11

Ce n'était que fumée,
Mironton, mironton, mirontaine,
Ce n'était que fumée
Qu'un vent frais emporta *(ter)*.

12

A Carrel il délaisse,
Mironton, mironton, mirontaine,
A Carrel il délaisse
L'oriflamme sacré *(ter)*.

13

Pour lui, cherchant fortune,
Mironton, mironton, mirontaine,
Pour lui, cherchant fortune,
Il se tient aux aguets *(ter)*.

14

Il braque sa lorgnette
Mironton, mironton, mirontaine,
Il braque sa lorgnette
Sur le logis du roi *(ter)*.

15

Le roi fait des bétises,
Mironton, mironton, mirontaine,
Le roi fait des bétises,
On l'envoie promener (ter).

16

Un autre roi succède
Mironton, mironton, mirontaine,
Un autre roi succède
Et n'se promène pas (ter).

17

Puisque celui-là reste,
Mironton, mironton, mirontaine,
Puisque celui-là reste,
Thiers se cramponne à lui (*ter*).

18

Mais pas n'était facile
Mironton, mironton, mirontaine,
Mais pas n'était facile
D'en être remarqué (*ter*).

19

Thiers court avec la foule,
Mironton, mironton, mirontaine,
Thiers court avec la foule,
Aux pieds du roi nouveau (*ter*).

20

Dans cette fourmilière,
Mironton, mironton, mirontaine,
Dans cette fourmilière,
Le roi ne le voit pas (*ter*).

21

Sur l'épaule d'un autre,
Mironton, mironton, mirontaine,
Sur l'épaule d'un autre,
Thiers se met à cheval (*ter*).

22

Laffitte étant ministre,
Mironton, mironton, mirontaine,
Laffitte étant ministre,
Ce fut lui qu'il monta (*ter*).

23

Du roi sur sa monture,
Mironton, mironton, mirontaine,
Du roi sur sa monture,
Le nain fut enfin vu (*ter*).

24

La monture décampe,
Mironton, mironton, mirontaine.
La monture décampe,
Mais Thiers ne la suit pas (*ter*).

25

Dans la maison il reste,
Mironton, mironton, mirontaine,
Dans la maison il reste,
Sachant qu'il y fait bon (*ter*).

26

Il y fait patte douce,
Mironton, mironton, mirontaine,
Il y fait patte douce,
Pour avoir du *nanan* (*ter*).

27

Un portefeuille passe,
Mironton, mironton, mirontaine,
Un portefeuille passe,
Il en prend la moitié (*ter*).

28

Plus tard un autre tombe,
Mironton, mironton, mirontaine,
Plus tard un autre tombe,
Il le prend tout entier (*ter*).

2.

29

Le voilà donc ministre,
Mironton, mironton, mirontaine,
Le voilà donc ministre,
Tout le globe est à lui (*ter*).

30

La Bourse est un domaine,
Mironton, mironton, mirontaine,
La Bourse est un domaine
De ses vastes états (*ter*).

31

Il le préfère à d'autres,
Mironton, mironton, mirontaine,
Il le préfère à d'autres,
Y faisant ses choux-gras (*ter*).

32

A des plaisirs plus drôles,
Mironton, mironton, mirontaine,
A des plaisirs plus drôles,
Il ne tord pas le nez (*ter*).

33

A l'envers sa culotte,
Mironton, mironton, mirontaine,
A l'envers sa culotte,
Un jour Dagobert mit (*ter*).

34

Pourquoi donc qu'un ministre,
Mironton, mironton, mirontaine,
Pourquoi donc qu'un ministre
N'en ferait pas autant (*ter*) ?

35

Grandvaux répond bien vite,
Mironton, mironton, mirontaine,
Grandvaux répond bien vite,
Qu'il peut faire encore mieux *(ter)*.

36

Château-Rouge et Mabille,
Mironton, mironton, mirontaine,
Château-Rouge et Mabille,
Ne savent que polker *(ter)*.

37

Au tapis-franc de même,
Mironton, mironton, mirontaine,
Au tapis-franc de même,
On n'fait que pocharder *(ter)*.

38

A Grandvaux, on cumule,
Mironton, mironton, mirontaine,
A Grandvaux, on cumule.
Chut!... Ma langue, tais-toi *(ter)*.

39

Passons à d'autres gloires,
Mironton, mironton, mirontaine,
Passons à d'autres gloires
Du pochard de Grandvaux *(ter)*.

40

Ses vieux saints et reliques,
Mironton, mironton, mirontaine,
Ses vieux saints et reliques
Par lui sont tous reniés *(ter)*.

41

Ni Carrel ni Laffitte,
Mironton, mironton, mirontaine,
Ni Carrel ni Laffitte
Ne sont plus ses cousins *(ter)*.

42

Plus haut qu'une girafe,
Mironton, mironton, mirontaine,
Plus haut qu'une girafe,
Il dresse son museau *(ter)*.

43

De juillet la colonne,
Mironton, mironton, mirontaine,
De juillet la colonne
Ne lui va qu'au genou *(ter)*.

44

Cependant son échine,
Mironton, mironton, mirontaine,
Cependant son échine
Est flexible à la cour *(ter)*.

45

Avec grace il salue
Mironton, mironton, mirontaine,
Avec grace il salue
Tout marquis d'Carabas *(ter)*.

46

En outre, il a mémoire
Mironton, mironton, mirontaine,
En outre, il a mémoire
Du grand Napoléon *(ter)*.

47

Qui passant en revue,
Mironton, mironton, mirontaine,
Qui passant en revue
Certains rois fainéans (*ter*).

48

Disait : « Je les compare,
Mironton, mironton, mirontaine ;
Disait : « Je les compare
Aux cochons à l'engrais (*ter*).

49

Thiers a l'esprit trop noble,
Mironton, mironton, mirontaine ;
Thiers a l'esprit trop noble
Pour vouloir d'ces bêtes-là (*ter*).

50

Aussi « qu'un roi gouverne,
Mironton, mironton, mirontaine,
Aussi qu'un roi gouverne,
Dit-il, c'est plus décent (*ter*).

51

Et dans cette maxime
Mironton, mironton, mirontaine,
Et dans cette maxime,
Se goberge à gogo (*ter*).

52

Mais un matin néfaste,
Mironton, mironton, mirontaine.
Mais un matin néfaste
Il sent tourner l' plancher (*ter*).

53

On lui passe la jambe,
Mironton, mironton, mirontaine,
On lui passe la jambe,
Le voilà culbuté (*ter*).

54

Le roi, dit-il, gouverne,
Mironton, mironton, mirontaine,
Le roi, dit-il, gouverne,
Cela n'est plus décent (*ter*).

55

Pourtant il dissimule,
Mironton, mironton, mirontaine,
Pourtant il dissimule
Et remonte à cheval (*ter*).

56

Cette fois son tonnerre,
Mironton, mironton, mirontaine,
Cette fois son tonnerre
Gronde pour tout de bon (*ter*).

57

C'est contre tous les trônes,
Mironton, mironton, mirontaine,
C'est contre tous les trônes,
Qu'il le fait pétailler (*ter*).

58

Le czar en prend la rage,
Mironton, mironton, mirontaine,
Le czar en prend la rage,
L'Anglais le mors aux dents (*ter*).

59

Vienne en a la jaunisse,
Mironton, mironton, mirontaine,
Vienne en a la jaunisse,
Et la Prusse le croup (*ter*).

60

La Marseillaise éclate,
Mironton, mironton, mirontaine,
La Marseillaise éclate,
Et tout le tremblement (*ter*).

61

Plus d'un million de braves,
Mironton, mironton, mirontaine,
Plus d'un million de braves,
Se dressent tout-à-coup (*ter*).

62

Notre flotte invincible,
Mironton, mironton, mirontaine,
Notre flotte invincible
Est prête au branlebas (*ter*)

63

Lalande, qui la guide,
Mironton, mironton, mirontaine,
Lalande, qui la guide,
Mange l'Anglais des yeux (*ter*).

64

Il le serre, il l'accule,
Mironton, mironton, mirontaine,
Il le serre, il l'accule,
Un mot !... l'Anglais n'est plus (*ter*) !

65

Faut que tout l'monde vive,
Mironton, mironton, mirontaine,
Faut que tout l'monde vive,
Thiers ne dit pas ce mot (*ter*).

66

Mais il en lâche un autre,
Mironton, mironton, mirontaine,
Mais il en lâche un autre,
Et l'Anglais est sauvé (*ter*).

67

Puis nos vaisseaux reviennent,
Mironton, mironton, mirontaine,
Puis nos vaisseaux reviennent
Comme ils étaient allés (*ter*).

68

Les marins portent crêpe,
Mironton, mironton, mirontaine,
Les marins portent crêpe,
Du vol qu'on leur a fait (*ter*).

69

Ce vol c'est la victoire,
Mironton, mironton, mirontaine,
Ce vol c'est la victoire,
Que Thiers a *tuée* sous eux (*ter*).

70

De ce chagrin Lalande,
Mironton, mironton, mirontaine,
De ce chagrin Lalande
Est mort et enterré (*ter*).

71

Mais aussi le coupable
Mironton, mironton, mirontaine,
Mais aussi le coupable
A son tour a pâti (*ter*).

72

Du haut de sa colonne,
Mironton, mironton, mirontaine,
Du haut de sa colonne,
Il fut précipité (*ter*).

73

Un chat tombe d'un faîte,
Mironton, mironton, mirontaine,
Un chat tombe d'un faîte,
Et marche encore après (*ter*).

74

Thiers est de cette race,
Mironton, mironton, mirontaine,
Thiers est de cette race,
Car il marche toujours (*ter*).

75

Il monte à la tribune,
Mironton, mironton, mirontaine,
Il monte à la tribune
Et miaule de nouveau (*ter*).

76

Tout bouillant de colère,
Mironton, mironton, mirontaine,
Tout bouillant de colère,
Il dit sans se gêner (*ter*).

77

Un roi règne et gouverne,
Mironton, mironton, mirontaine,
Un roi règne et gouverne,
Faut qu'il gouverne pas (*ter*).

78

Plein d'une fière image,
Mironton, mironton, mirontaine,
Plein d'une fière image,
Il dit encore ceci (*ter*) :

79

Voyez mon beau navire,
Mironton, mironton, mirontaine ;
Voyez mon beau navire
Au grand mât pavoisé (*ter*).

80

Sur ce haut promontoire,
Mironton, mironton, mirontaine,
Sur ce haut promontoire
Je le tiens amarré (*ter*).

81

Là, sans impatience,
Mironton, mironton, mirontaine,
Là, sans impatience,
J'attendrai le grand flot (*ter*).

82

Mais ce flot au loin passe,
Mironton, mironton, mirontaine,
Mais ce flot au loin passe
Et Thiers attend toujours (*ter*).

83

Puis la Chambre est dissoute,
Mironton, mironton, mirontaine,
Puis la Chambre est dissoute,
Faut lancer le vaisseau (*ter*).

84

La bataille commence,
Mironton, mironton, mirontaine,
La bataille commence
Et Thiers se dit vainqueur (*ter*).

85

Il compte sans son hôte,
Mironton, mironton, mirontaine,
Il compte sans son hôte
Et comptera deux fois (*ter*).

86

La moitié de sa troupe,
Mironton, mironton, mirontaine,
La moitié de sa troupe
Reste sur le carreau (*ter*).

87

Lui, survit au désastre,
Mironton, mironton, mirontaine,
Lui, survit au désastre,
Mais fort incommodé (*ter*).

88

Dans un fourré d'épines,
Mironton, mironton, mirontaine,
Dans un fourré d'épines
On l'a trouvé gisant (*ter*).

89

Sur un brancard de saules,
Mironton, mironton, mirontaine,
Sur un brancard de saules
-On l'apporte à Paris (*ter*).

90

Ses officiers l'escortent,
Mironton, mironton, mirontaine,
Ses officiers l'escortent
Et disent qu'il va bien (*ter*).

91

Leur livrée est brillante,
Mironton, mironton, mirontaine,
Leur livrée est brillante,
C'est celle du régent (*ter*).

92

Très-bien, mais rien ne presse,
Mironton, mironton, mirontaine,
Très-bien, mais rien ne presse,
Philippe est bien bâti (*ter*).

93

A moins que pour leur plaire,
Mironton, mironton, mirontaine,
A moins que pour leur plaire
Il fasse le grand saut (*ter*).

94

C'est une complaisance,
Mironton, mironton, mirontaine,
C'est une complaisance
Qu'il ne doit pas à Thiers (*ter*).

95

On n'en doit à personne,
Mironton, mironton, mirontaine,
On n'en doit à personne
De cet acabit-là (*ter*).

96

Que Thiers donc y renonce,
Mironton, mironton, mirontaine,
Que Thiers donc y renonce
Et dise : *J'ai péché* (*ter*)!

97

C'est c'qu'il a d'mieux à faire,
Mironton, mironton, mirontaine,
C'est c'qu'il a d'mieux à faire
Ou n'fasse rien du tout (*ter*).

98

Que sur son promontoire,
Mironton, mironton, mirontaine,
Que sur son promontoire
Il retourne percher (*ter*).

99

Là, de sa patience,
Mironton, mironton, mirontaine,
Là, de sa patience
Il trouvera l'emploi (*ter*).

100

De cette Sainte-Hélène,
Mironton, mironton, mirontaine,
De cette Sainte-Hélène,
Il verra du nouveau (*ter*).

101

Il verra Louis-Philippe,
Mironton, mironton, mirontaine,
Il verra Louis-Philippe,
La régence enjamber (*ter*).

102

Puis, couronner lui-même,
Mironton, mironton, mirontaine,
Puis, couronner lui-même
Le comte de Paris (*ter*).

103

Je serai bon prophète,
Mironton, mironton, mirontaine,
Je serai bon prophète
Et Thiers en conviendra (*ter*).

104

Maintenant j'passe à l'autre,
Mironton, mironton, mirontaine,
Maintenant j'passe à l'autre,
C'est à ton tour Guizot (*ter*).

GUIZOT.

LA MARSEILLAISE DE CE GRAND RÉVOLUTIONNAIRE.

Douloureux fils de mes entrailles,
Le jour de joie est arrivé ;
Accourez à mes relevailles,
Nous y chanterons un *Salvé* (*bis*).
Entendez-vous dans son village
De Thiers, râler chaque soldat ?
Ceux qui reviendront au combat
Ne troubleront plus mon breuvage.

    En place, mes trois cents !
    A mon commandement,
    Votez, votez les lois d'amour
    Que je vais mettre au jour.
    Votez, votez les lois d'amour
    Que je vais mettre au jour.

On dit que nous sommes des bornes ,
Ceux qui l'ont dit sont des menteurs ;
Nous leur ferons porter des cornes,
En nous rendant réformateurs (*bis*).
Oui, le progrès est mon idole ,
C'est moi qui vais l'accélérer ;
C'est moi qui vais vous enterrer
Sous les trésors de ce Pactole.

    En place, mes trois cents ! etc.

La Presse est une polissonne
Qui chipotte tout *un chacun*,
Il faut que je vous la baillonne
Pour faire le bonheur commun *(bis)*.
Voilà du mouvement, je pense;
J'appelle cela progresser,
Et je saurai bien relancer
Tout champion de résistance.

> En place, mes trois cents! etc.

Vous avez chassé le jésuite,
Que devient donc l'égalité?
Parmi-nous, qu'il rentre au plus vîte,
Ainsi le veut la liberté *(bis)*.
Marrat reconnaissait pour frères
Iroquois, Chinois, Algonquins;
Si vous n'êtes pas des crétins,
Ouvrez vos bras à nos bons pères.

> En place, mes trois cents! etc.

Votre esprit à tant de nuages,
Qu'il n'a pas encore su goûter
Tout le sel de cet apanage,
Que ma main va représenter *(bis)*.
Allons, moins de lésinerie,
Allons, chacun deux petits sous,
Le pauvre priera Dieu pour vous,
Ah! secourez sa seigneurie.

> En place, mes trois cents! etc.

Gens sans foi, ni loi, ni lumière,
Eclairez-vous à mon flambeau;
Ayez fibre plus nobilière,
Ne riez plus du hobereau *(bis)*.
Un gentilhomme est plus qu'un rustre,
Il est temps qu'on le sache en bas;

Gloire au marquis de Carabas ,
Au châlelain rendons son lustre.

 En place, mes trois cents ! etc.

Le prêtre, c'est Dieu sur la terre,
Adorez son chapeau cornu.
C'est toujours la faute à Voltaire
Si son pouvoir est méconnu (*bis*).
Je lui rendrai toute sa gloire,
Père, mère il confessera ;
Garçons, filles et cœtera.
Accourez sous sa robe noire.

 En place, mes trois cents ! etc.

Un roi qu'on surnomme le Chauve
Me guida pour mater Pritchard ;
Contre le normand, guerrier fauve,
Son or lui servit de rempart (*bis*).
Viennent des dangers pour la France,
On me verra plein de fierté,
Par une heureuse indemnité,
Ménager encor sa vaillance.

 En place, mes trois cents ! etc.

A Thiers, ce rival que j'honore ,
Je dois des bénédictions ;
Son éloquence tricolore
Fit les fortifications (*bis*).
Elles sont là , courbez vos têtes ,
Emeutiers , mauvais citoyens ;
Ce n'est certes pas pour les chiens .
Qu'en leurs flancs gisent les tempêtes.

 En place, mes trois cents ! etc.

Je n'ai qu'une passion forte .
C'est pour la Charte de Juillet ;

Sage et féconde elle comporte
Tout ce que mon cœur vous promet *(bis)*.
Sans la blesser j'en puis extraire
Un puissant réseau clérical,
Tout un régime féodal,
Tous les trésors de l'arbitraire.

En place, mes trois cents ! etc.

COUPLET DES ENFANS.

Nous entrerons dans la carrière
Lorque Guizot n'y sera plus;
Nous y trouverons sa poussière ,
Cette poussière sans vertus *(bis)*.
Très enchantés de lui survivre ,
En voyant passer son cercueil,
Nous dirons, sans porter le deuil :
Paix au grand homme... il était ivre.

En place, ses trois cents !
A son commandement,
Votez, votez les lois d'amour
Qu'il entend mettre au jour.
Votez , votez les lois d'amour
Qu'il entend mettre au jour.

LISTE DES DÉPUTÉS NOUVEAUX.

Albert, *Charente.*
Aigle (de l'), *Oise.*
Bastard (de), *Gironde.*
Béchameil, *Charente.*
Béric, *Nord.*
Béranger (de), *Isère.*
Beudin, *Seine.*
Bigot, *Mayenne.*
Blanqui, *Gironde.*
Bonmar, *Nord.*
Bontin (de), *Yonne.*
Brignon de Lehen, *C.-Nord.*
Cabanis, *Garonne.*
Cabrol, *Aveyron.*
Calmon fils, *Lot.*
Carayon, *Tarn.*
Chabaud-Linetière, *Indre.*
Chazot, *Lozère.*
Clapier, *Bouch.-du-Rhône.*
Colombel, *Loire.*
Convers, *Doubs.*
Courtois (de), *Aveyron.*
Creton, *Somme.*
Daguilhon-Pujol, *Tarn.*
Daragon, *Tarn.*
Debrotonne, *Aisne.*
Delacour, *Calvados.*
Delaplane, *Basses-Alpes.*
Delangle, *Nièvre.*
Dessaigne, *Loir-et-Cher.*
Descloseaux, *Hautes-Alpes.*
Dintrans, *Hautes-Pyrénées.*
Dolfus, *Haut-Rhin.*
Drouillard, *Finistère.*
Dubouchage, *Drôme.*
Dussolier, *Dordogne.*
Dutens, *Somme.*
Eichtal (d'), *Sarthe.*
Elchingen (duc d'), *P.-Calais*
Falloux (de), *Maine-et-Loir.*
Faucher (L.), *Marne.*
Feuchères, *Gard.*
Fould (B.), *Hérault.*
Gasparin (P. de), *B.-Rhône.*
Genoude (de), *H.-Garonne.*

Gérente (de), *Vaucluse.*
Guiche (de la), *S.-et-Loire.*
Herlincourt (d'), *P.-Calais.*
Hochet, *Cher.*
Humann, *Bas-Rhin.*
Jourdan, *Isère.* Jamin, *Meuse.*
Jouvenel (de), *Corrèze.*
Laborde (de), *Seine-et-Oise.*
Lafayette (Osc.), *S.-Marne.*
Lapène, *Haute-Garonne.*
Lavergne, *Gers.*
Lawelon, *Gironde.*
Lecoulteux, *Loire.*
Lefebvre, *Pas-de-Calais.*
Lefort-Goussolin, *Seine-Inf.*
Lemasson, *Bas-Rhin.*
Lesseps, *Lot-et-Garonne.*
Lombard-Buffières, *Isère.*
Mahul, *Aude.*
Martell, *Charente.*
Martinet, *Mayenne.*
Matha-Becker, *Puy-Dôme.*
Mathey, *Saône-et-Loire.*
Mathon de Fogère, *Loire.*
Maure, *Var.*
Mazet, *Gironde.*
Méchain, *Deux-Sèvres.*
Mérode, *Doubs.*
Meslin, *Manche.*
Mirandole (de), *Lot.*
Nicolas, *Drôme.*
Oraison (d'), *Basses-Alpes.*
Paillet, *Aisne.*
Paillet, *Charente-Inférieure*
Palotte, *Yonne.*
Paulmier, *Calvados.*
Périer (Casimir), *Seine.*
Plaisance (de), *Manche.*
Plichon, *Nord.*
Plougoulm, *Morbihan.*
Portalis (F.), *Var.*
Quatrebarbes, *Maine-Loire.*
Quenson, *Pas-de-Calais.*
Reybaud, *Bouc.-du-Rhône.*
Reynaud, *Hérault.*

Rainneville (de), *Loire.*
Roulland, *Seine-Inférieure.*
Royer, *Isère.*
Sallandrouze, *Creuse.*
Salles (de), *Montargis.*
Salveton, *Haute-Loire.*
Saint-Aignan, *Nord.*
Struch, *Haut-Rhin.*
Taillefer, *Dordogne.*
Tauriac (de), *H.-Garonne.*

Teisseirenc, *Hérault.*
Teste (Ch.), *Gard.*
Tourette (de la), *Ardèche.*
Torcy (de), *Somme.*
Tyron-Montalembert, *Char.*
Valette (de la), *Dordogne.*
Vautier, *Calvados.*
Vayson, *Somme.*
Vergniac, *Corrèze.*
Vimal, *Pas-de-Calais.*

Session actuelle, de 15 jours.

— Bonjour les anciens !

— Bonjour les nouveaux !

— Qu'allons-nous faire ?

— Examiner qui est arrivé ici par le libre suffrage des électeurs, sans influence étrangère d'aucun côté, sans déviation d'un millimètre.

— Mais nous sommes certainement tous dans ce cas.

— Ah ! c'est parbleu vrai !... (*De toutes parts et à l'unanimité*) c'est vrai ! palsembleu très vrai ! immensément vrai !...

— Alors nous serons tous reçus ?

— (*En chœur.*) Alors nous sommes tous reçus !

— Vive le roi ! vive la charte ! vive la patrie!

— Bonsoir les anciens !

— Bonsoir les nouveaux !... A bientôt !... à la prochaine session !

— En décembre ?

— Oui, en décembre !...— Le rideau tombe, plus personne.

Telle sera la mémorable session d'août, an de grâce 1846.

www.ingramcontent.com/pod-product-compliance
Ingram Content Group UK Ltd.
Pitfield, Milton Keynes, MK11 3LW, UK
UKHW022351120726
13694UKWH00004B/1825